De Poesía, SILENCIOS y mentiras

- Belén Luján -

De Poesía,
SILENCIOS y
mentiras

Título: *De poesía, silencios y mentiras*
© 2019, Belén Luján

De la maquetación: 2019, Romeo Ediciones
Del diseño de la cubierta: 2019, (autor de la portada)

Primera edición: abril de 2019

Impreso en España

ISBN: 978-84-17781-51-4

Gracias a mis hijos y al amor de mi vida, sin ustedes no hubiese encontrado el aliento para seguir.

Me gusta la gente rota, la que tiene historias sucias, desgarradas, con mañanas, tardes y noches llenas de lágrimas, miserias y desganas… de tugurios oscuros apestando a alcohol y sangre, a quizás y añoranzas… Así, como yo.

1

EL COMIENZO

Es la vida ese paisaje
al que te permiten observar,
un paraje escondido
que tienes que encontrar,
recovecos y abismos cientos
que hay que saber esquivar,
siempre descubres simas
en las que caes sin remediar,
la pesadumbre te hunde
y el estruendo te despierta,
la vida es luz en la retina
y agua que alienta…
caminas por el mundo
buscando tu verdad,
te pierdes en sendas oscuras,
no divisas el final,
muere el cuerpo y el alma
que se pregunta, ¿y ahora qué?
pasaste sin descubrir nada,
sin una respuesta y un porqué…
te entierran en cal viva…
y llegará otro tan perdido como tú,
buscará y no hallará
más que al final del camino
que nada de lo vivido
ha sabido admirar,
y caerá en la cuenta de que su reloj
ha dejado de funcionar.
La vida es un paraje…

"La decisión"

Admiraba su cara como si se fuese a romper,
belleza de porcelana fina,
temiendo su rechazo,
huidizo,
retira a tiempo el instinto,
mientras,
los ojos vidriosos lo observan,
ansiando su roce imagina,
sintiendo que no siente,
en la espera,
se transforman en témpano frio,
en universos extintos.

Creí en tus palabras, ciega de amor por ti…
Eras hiedra que trepaba por mi piel de marfil.
Tejiste mil dédalos y en ellos me pedí.
Buscando la salida, media vida sin sentir.

¡Oh, sí!
tú
mi luz,
mi ser,
mi alma encogida cuando escucho tu voz,
mi sonrisa de niña cuando toco tu boca,
mis párpados caídos cuando veo tu cara,
de intensa luz, iluminada,
que abrasa mis entrañas…oh, sí, tú.

Peces de colores viven en mi alcoba,
nadan,
me miran,
sonrío feliz al ver su cara,
iluminan sus colores
    rosas
    azules
    naranjas…
son farolas que iluminan mi casa.
Sonríen,
me tocan empapándome la cara,
giran y giran
en torno a mi cama.

YO NO FUI TU ADÁN NI TÚ MI EVA

Me despojo de mi máscara,
de soledad errante.
Mi boca muda de palabras y suspiros.
En inequívoco lamento late este corazón hambriento.
Días.
Soles.
Nubes.
Noches vagabunda.
Buscando sin encontrar.
Perdida en el laberinto que es tu cuerpo diáfano de
tormentas.
Huérfana de amores.
No encuentro salida a esta pasión perdida.
Mi vida es una Odisea,
Tu corazón mi Ítaca.

Lo más hermoso,
las más bellas palabras,
los más bellos sentimientos
se descubren.
La verdad
surge en soledad
cuando están
los poros abiertos,
el corazón latiendo,
la sangre corriendo,
la vida surgiendo.
Cuando sientes
el alma partida en dos
y el cielo,
las estrellas
y el mundo entero,
es todo tuyo.

"Espinas"

Tulipanes en la boca,
mordaza inesperada,
omitiendo palabras hirientes,
callando verdades amargas.
Cómo pudiste venderle en desaire,
haciendo que los ojos sangren.
Retornando de tu viaje
esperando que nada cambie,
que siga siendo perro fiel,
que te ame.
El corazón te dicta, ahora,
amor,
el de él, olvido.
No era una roca, querida,
no era donde pudieses depositar tus frustraciones,
tus golpes sin que le doliese.
Soportó durante meses,
¡te quería!
pero sin tú saberlo hiciste una grieta
que se agrandó día tras día.
Observa con tristeza que lo necesitas,
siento decirte,
azucena,
que perdiste la ruta,
el camino que marcó para ti.
Hallando senderos oscuros,
vagaste hasta el cruce donde apareció,
pero,
no era el mismo que te adoraba sin fin.
Con tus zarzas llenas de espinas,

abrazos sin fin,
laceraste llenando de heridas su mente,
no soportando que lo quisieras así.
Cómo puede decirte sin lloros
que retomes tu camino
despejado de torturas,
que no pienses más en él.

"Pirata"

Mensaje en una botella.
Audaz pirata surcando mares,
arribando a puerto ignoto.
Estandarte en lo alto del mástil,
pañuelo atado en el brazo.
Por ti aventuro mi vida
a un futuro incierto
pero querido.
Errante en el orbe
que me incita a buscarte,
navego cual goleta sin velas,
sin ancla,
sin tormenta que me naufrague,
volátil en la cresta de espuma
que me da tu amor,
surco estelas en el agua
ávida de robar tu corazón.

Primavera, verde espera.
Luz, colibrí, libar.
Sol, flores, azucenas.
Mar, plata, inmensidad.
Polen, avispas, vuelas…
en mi mente insana revoloteas.

Bebe sus lágrimas amargas.
Piel frágil,
tenue,
gris tul que todo lo muestra.
Beso oscuro,
dulce caricia de entrega del alma,
la confirmación del amor ansiado.
No besaste,
no entregaste,
no comulgaste con su fe de amor por ti…
No se sintió amado.
Regalaste con tus manos su cuerpo sediento,
prendiste un fuego apagado,
cenizas de su piel flagelada por tus dedos,
dolorosos,
arañados,
lacerados por tu boca callada.
Lágrimas recorriendo su cara,
presencia evaporada,
rondando,
flotando sobre la cama,
huyendo de ti,
martirizado el alma…
Nube.

"Adagio"

Así como lo siento ahora,
en esta noche de pensarte en desatino,
canto para ti,
desde lo más profundo de la conciencia,
llenando de poemas, versos,
prosas, mis noches de insomnio,
es buscarte en el firmamento y no hallarte…
Creo ver flotando en el aire
todo lo que te envío,
volando con alas hechas de mi corazón partido.
Escribo una canción para ti,
danzo a tu alrededor y te digo:
Adagio.
Muy bajito.
Así.
Cántame.
Más bien: susúrrame.
Así, lento,
en un adagio prodigioso que haga
volar nuestros cuerpos,
que haga flotar nuestros espíritus.
Así,
suave,
en mi oído rozando,
un adagio exultante que conmueva el alma
más que al cuerpo cansino.

Te veo en las nubes,
en las plantas, en las calles.
Te veo en las noches de luna llena,
en las estrellas, men el cometa errante.
Te veo en mi casa, en mi cama,
en mi alma amante.

El violonchelo suena…
cadencia hechizante
en la bruma que envuelve.
Tras la ventana el agua,
las hojas, el viento…
Sigue sonando en suaves acordes
hechos de añoranzas,
reposando sobre la laguna
sus notas encantadas,
meciendo el corazón
del que espera la mañana,
acariciando la música de
tu tranquila mirada.

Alma...

Pobre de ti,
que te pierdes en las oscuras almenas del corazón,
vagando como perro en busca de dueño.
Pobre de ti,
que surcas
en el mar de nubes de la mente,
quebrantada por el estío.
Pobre de ti,
que anhelas la caricia añeja
guardada en la buhardilla de la soledad.
Pobre de ti,
alma sin sangre,
sin dicha,
sin mañana,
que partió un amanecer en pos
de un amor aún no hallado.

Embriaga, con dulces licores, mi mente.
Beoda.
Adicta a tu piel,
dopando mi sangre con tu saliva,
borracha con solo verte,
mareada pensando en encontrarte
y beberte hasta agotarte…

"Gemas"

Diamantes en la mano,
rutilantes,
lágrimas calcinadas en la estepa,
en la mina de los ojos sangrantes al buscarte.
Esmeralda perforando la carne,
eterna,
es el verte e imaginarte,
andando por caminos,
arco iris en tu cabeza pensante.
Oro en polvo
-volando-
con alas ligeras,
quemadas por un sol impetuoso,
beso de viejos amantes,
encuentro por casualidad,
añorante.
Rubí que arde sin fuego,
piedras corriendo por la ladera,
candentes,
erupción de mil volcanes,
creando paraísos perdidos.
Zafiro torrente de sinrazones,
tributo de la noche a tu rostro,
miríadas de estrellas,
brillos que opacan la espera.
Atardeceres de Mayo por ti escogidos,
diáfanos, nítidos.
Regalas cariño con temor, indeciso,
paseas
mojando tu cara de sal,

de olvido,
de silencio marchito.
Mares torturados por maremotos profundos,
arrebatando con las manos la savia,
la vida,
la raíz del intenso pesar.

Me quitas de un plumazo,
con gesto decidido,
la esperanza, la fe,
el amor hacia ti ejercido.
Frío,
hielo en tus brazos hallé
la boca prieta,
el pecho encogido,
como niño en seno materno,
procurando no sentir miedo,
dolor,
buscando el calor de un nido,
huyendo del destino cierto,
escapando de la verdad,
soñando sueños…

"Piano"

(Quiero oír algo más que mi propio delirio.
Quiero escuchar su voz agonizante.
Quiero sentir su piel electrizada…).

Quiero oír ese piano que me embriaga,
roto,
desafinado al no tocarlo,
sus notas quedan para el olvido,
antaño tan amado,
prodigio de compositores.
Abandonado en el rincón,
suplicante,
que lo hagan revivir,
llenar de acordes la sala,
que el eco de su alma atraviese valles,
montañas.
Evocadoras tardes de verano,
de luz,
de sol,
de flores en el jardín,
de césped,
de vino rojo,
todo quedó en el olvido,
rompiendo una cuerda,
la vida,
se le partió para siempre.
Polvo, arena y olvido,
esa es tu infame paga a tanto como diste,
piano,
alma,
ser verdugo de tu destino.

Siempre.
El amor es traicionero.
El amor no descansa.
El amor es el que manda.
Tortura del alma quebrantada
por pasos rotos en la distancia.

Desnuda ante ti me presento,
latigazos de la vida surcan mi cuerpo,
el alma mil veces vencida,
mil veces erguida en el podio de la sonrisa.
No puedes más que ver que mi ser te necesita,
clara,
límpida,
me lavo con las lágrimas,
emerjo de la agonía,
me presentó ante ti virgen de frustraciones,
lamiendo mis heridas.
Porque te quiero.

Efímera,
te evapora entre luces y sombras,
niebla matutina,
desapareces,
asoma el día.
Candente,
errático caminar,
dudando,
mostrando tímidos rayos,
sol que te aviva.
Susurros del viento,
desvarío sin sentido,
hojas flotando danzando en loco albedrío.
Relojes de arena transitan el tiempo,
desgranando el deambular de mi noche
a tu día somnoliento.

"Puertas"

Abriendo las puertas del cielo,
pasando cometas errantes,
luceros colgados de la nada,
negro mantel extendido,
pequeñas incrustaciones de plata fina,
toque de luz,
de hechizo.
Tendida sobre el césped
te admiro,
inmenso paraíso escondido,
siento en mi cuerpo la sábana de fresca hierba,
la noche que me abraza,
las estrellas que me alumbran,
el rocío que me empapa,
la voz cadente de la brisa sobre las palmas.
La mente se abstrae,
me conduce hasta tu sino,
mis manos temblorosas
toman la aldaba para llamar a tu casa,
abriendo
de nuevo,
las puertas del cielo infinito.

Acudo a tu ausente presencia.
Me llamas,
clamas por mí,
(y) aquí estoy,
soñando despierta,
diciendo que te quiero,
respondiendo a tu pregunta de si te añoro.
Telepatía naciente,
escucho tu voz proclamando amores,
evocando pasiones,
soñando con mis besos,
ilusorios momentos entre románticas canciones.
Te escucho,
dama etérea,
rubores,
candores,
mi mente apabullada de tu mimo hecho palabras
y te acaricio,
dulce manzana,
respondo esta noche,
también,
cada vez que me llamas.

Ay, ¡poeta amigo!
Poeta atormentado,
vagando por tus divergencias extremas,
en tu mundo negro por huraño,
con tus dolorosos pensamientos,
tu pesimismo,
tu no ser amado por tu punzante corazón,
sangrando de querer,
de no ser correspondido con la capacidad
que tu corazón abarca y tu mente dicta.
Es el sentir el ánima quebrada en virutas de
sufrimiento,
nadie te entiende,
nadie te calma,
nadie mitiga con simples palabras tu ceño fruncido,
nadie se acerca a calmar las heridas de tu alma,
perdiéndose por dédalos mentales,
cada vez más atormentado,
con más preguntas y menos respuestas,
no entendiendo que nadie te comprenda.
Resulta fácil saber que es amor lo que te desborda,
que necesitas entregarlo, pero a nadie le importa.
Daño,
solo recibes mofa y daño.
Siempre serás ese extraño,
bohemio, retraído, loco,
que escribe con trazo largo,
pluma rota
y ojos de no estar entre humanos.

(¿Cómo amar...?)

Triste soledad,
tanto luchar para perderlo,
ahora atenaza, y despiertas.
Engañando a los caminos,
a ti mismo,
surgiendo espejismos de oasis escondidos,
corriendo desenfrenada en busca de su buen amor,
en busca de su corazón ya marchito.
No te engañes,
esa alma se quemó,
antaño,
una oscura madrugada.
No siente,
no ama,
no delira ante diáfanas palabras,
se muestra rendida antes de tocarla.
Invadiendo el desconcierto,
no entendiendo lo que pasa,
después,
fría,
llorosa,
las nubes de la ilusión se apartan,
dejando ver el espectáculo de dos almas encontradas,
rotas por el tiempo,
ignorancia no calibrada,
cómo puedes amar,
tú,
que te entregaste derrotada,
cómo puedes vivir,
tú,
que hallaste hojarasca.

Era aquella piel morena,
ardiente aún sin tocarla,
tan nítida,
fantástica,
que, extasiada con solo mirarla,
era aquella piel la que envolvía
en sublimes pasiones,
sutiles deseos,
candorosas miradas,
piel erizando el alma
en aromas que embriagan.
Suave añoranza
de retornar a tu causa.

"El Infierno"

Era un ángel el que venía bajando,
entre brumas arrolladoras,
relumbrando,
como espejismo loco de luces y sombras,
la sonrisa conquistadora,
la palabra salvadora,
la caricia milagrosa.
Cayendo rendida,
en extasiante pleitesía,
en adoración infinita a tan salvador
de las almas perdidas.
Qué hermoso era admirar con
ojos borrosos a través de la cortina de esperanza.
...Y el ángel engañó al dueño
con pócimas trucadas,
lleno de venenos los sueños,
secando lentamente el corazón
de sentimientos.

Tal vez hubiese sido mejor no amar.
Tal vez hubiese sido mejor no soñar.
Tal vez hubiese sido mejor no mentir
en descripciones ilusorias,
por deseos afanados de vivir un gran amor.
Esta vez, ya cansado
de perseguir corazones que no quieren ser amados.
Despertando de repente,
comprendiendo que se miente,
que jamás quiso ser aceptado,
ni cambiado,
ni anhelado.
Y cayó la máscara herida,
viendo el fondo lleno de desdichas,
perdiendo la ilusión en el tránsito,
al conocer que su alma no quería redención,
deseando proseguir besando su pasado,
en dolorosos lamentos,
continuar creyendo que la salvación está
en purgar para siempre las penas.
Desangelada y triste,
eleva su espíritu andante.
¿Cómo pudiste creer que podías llegar a
ser su vereda de ilusiones,
sus flores frescas,
sus pasos por la arena,
su vida nueva…?

(No te pierdas en cavidades extremas) – Desamor –

"Conciencia"

Se escucha a lo lejos,
comienza a hacerse patente el sonido,
el reclamo,
la revolucionaria batalla
entre el silencio y el poderío…
Galopando locos caballos,
emplumados,
pintadas tribales,
fieros aguerridos,
abriéndose paso entre una maraña de sinrazones,
espejismos,
torturas,
lamentos sin sentido…
Llegan despertando palabras descartadas,
de búsqueda inquieta,
pensando que aún nada se ha perdido.

No engañarte,
no herirte,
no hundirte.
No calibraste lo que hacías.
Mientras tu mal se mitigaba,
mi corazón se partía.
Llegando al punto de partida,
ahora tú sientes,
yo adolezco de apatía…
En qué momento se desprendió,
como miembro inservible,
el corazón.
Cuándo fue que la ilusión se deshizo como hielo,
cuándo la sangre no corría ardiendo al mentarte,
cuándo no surgían palabras de amor por mis labios,
cuándo mis manos dejaron de buscarte,
cuándo comencé a sentir que mentía al alma parlante.

"Silencio"

Silencio,
tenebroso,
moribundo,
se apodera de la esencia del cuerpo,
no sintiendo pasión,
solo silencio,
ensordecedor,
no surgen palabras hermosas,
ni besos anhelantes,
ni sonrisas purificantes,
silencio,
candente como brasa,
que satura las mañanas,
no te siento en mi cama tibia esperanza,
se aposenta el silencio en toda mi casa.

Te quiero,
te querré hasta que mi existir se canse,
perdida en las rutas del sol y la luna,
la penumbra de no hallarte jamás,
mi amor,
mi amor viajante.

"El olvido"

No, a la noche y el día,
al cielo estrellado,
a amar sin medida.
No, a los besos ardientes,
al verde pasto,
al querer creciente.
No, a la luz de la luna,
seducir en penumbras,
a caricias tremebundas.
No, a pasear por la playa,
jugar con el agua,
entrecruzar las miradas.
No, a tocar con palabras el alma,
calentar las entrañas,
amar cada mañana.
No, a añorar cada paso que dabas por la casa,
silbando mi nombre,
elevando con sonrisas el amar sin rozar os,
susurrando amores que fueron mieles
recorriendo nuestros corazones.
No.
A románticas emociones.

Cuando el corazón roto supera la barrera del vahído.
Se inundan los ojos,
aguas desbordadas,
el tragar el amor amargo,
en cansino despertar,
la cicatriz se abre una vez más.
Cuando el corazón está roto,
el rojo evaporado traspasa las nubes de la conciencia,
vaporosos dolores inundan el tiempo,
desgarros inmundos atraviesan el pecho,
afiladas dagas arañan los sueños,
sangre diluida,
fría,
sin corriente
ni latidos que alienten.
Cuando el corazón está roto,
sin sentido,
aletargado, dormido,
pasan los días hasta pararse agotado…
¡Por el amor entregado!
Y ahora robo al recuerdo instantes divinos,
rompiéndome el corazón,
sintiendo que solo vivo por instinto,
que sin ti no existo.

"El adiós"

1-El rostro que en sueños admiro
   no es ese que está en el espejo,
   es aquel que se quedó prendido
   una mañana de primavera,
   de sol,
   de seria profecía,
   de que todo perecía,
   de que el amor por mí moría,
   se extinguía,
   que jamás volverías a besarme
    como lo hiciste un día,
   que no amabas como antes,
   con corazón palpitante y
   lleno de emoción,
   te cansó la espera,
   no me diste la redención...
2-Es ese rostro que deambula como fantasma por
   mi techo,
   adorado,
   que acaricié en bendiciones por malditas,
   no me querías en tu vida,
   y callando,
   bajando la cabeza te dejé marchar,
   perdida la esperanza de comenzar,
   clavé un puñal en mi pecho
   que no ha dejado de sangrar.

Un rictus de tristeza se implanta en mi cara,
antes serena,
ahora llena de arrugas por añorarte.
Invasores demonios del pasado,
que vienen a martirizarme,
admiro tu rostro que tanto amé,
y me puede el quererte.
Universos no hallados por ti exploraré,
la pasión sin medida que sacrifiqué,
no sé si sirvió de algo,
te sigo evocando hoy igual que ayer.

…Los Celos:
Terrible y silencioso virus que corre al alma como
perro rabioso…

2

TRANSICIÓN

Me engañaste, traidor, me engañaste como a necio.
Cómo te creía, hipócrita.
Me engañaste, corazón.

"Ausencia"

Te siento presente, a mi alrededor,
danzando descalza para no hacer ruido,
en torno a mí,
aspiro tu aroma lleno de sonrisas y
me impregna de esencias hechas de caricias.
Abarcas mi aura coloreando el horizonte,
te siento a lo lejos, llenando mis mañanas.
Sentido a mi vida,
mi meta escondida,
eres mi diosa: etérea, en adoración infinita.
Tu ausencia es presencia que llena mi existencia,
mezcla de soledad por no tenerte y
de felicidad por sentirte cerca llenando mi alma.
Ocupas por completo mi necesidad de amar,
y a la vez el vacío de no ver, tocar, aspirar.
Te amo en la forma que tan solo puede amar el
corazón, a ciegas,
sin saber, sin conocer,
viendo solo lo que se quiere ver.
Especial, única, mi amiga adorada,
mi hoja marchita guardada en un libro.
Quiero ser tu sentido,
desatino.

Quiere su imagen plasmar,
que sepa lo que siente,
que de sus palabras se enamoró sin saberlo,
hizo de su vida un latir de corazón intenso,
que desbocado corre en pos de un amor incierto.

Me siento perdida en este piélago de soledades,
de amaneceres sombríos,
de noches en penumbra,
de sentir escrito.
La dulce aurora que anuncia un nuevo día
con soles, nubes y rocas,
mi ceño se frunce al pensarte ahora
la razón "razona"
el alma sufre
tu sombra me acompaña en pesado lastre,
el áncora de mi nave,
presa de tu imagen con grilletes de oro,
cierras mi boca con sedas rojas
(no puedo)
decirte quiero que me enredas con tu encanto,
me enamoras con oropeles
y ciegas por completo mi vivir.

No me sale otra cosa
      que decir
        Amor
          ¡Amor!

¡El abismo de tu mirar en interminable sima…!
Me pierdo en lo profundo de tu silencio
y ausente del orbe
qué es mi vivir,
camino por los senderos que tú me marcas.
Ando despacio,
quiero entrar sin hacer ruido
anidando en lo más hondo de tu corazón.

Tu voz es un embrujo
que envuelve con besos mi alma, la siento cálida,
a veces me parece que me acaricia
y siento resbalar
                    por mi piel
                              tus palabras.

ME DAS DE COMER LAS MIGAJAS QUE
REPARTES COMO A PALOMA VAGABUNDA.

Estaba dormida, sobre su montón de leña... vienes
tú, con tu locuaz discurso, tu sorprendente y
maravillosa forma de ser...
Y fuiste la pavesa que prendió fuego a su mundo,
como un Nerón enloquecido transformaste su
cómodo existir en un montón de cenizas...
Fuiste quien abrió sus ojos, también su alma
introduciéndote de manera impetuosa, destrozando
su carne en jirones hechos de silencios...
Fuiste el oasis en medio de su desierto, donde bebió
el agua de tu mirada perdida en el tiempo...
Fuiste el áspid que introdujo en su cuello el veneno
que eres tú, que poco a poco la está matando y no
la deja vivir.

Estoy condenada a seguir tu estela en el orbe del amor
que pretendo eterno.

En cada llamada te beso.
En cada tono de mi voz te deseo.
Te hablo melosa, arrastrando mi lengua en larga
caricia. (Mis labios te rozan en cada palabra que
pronuncio ante ti, vuelan, cual ave del paraíso,
surcando el cielo infinito.
Navegan, cual galeón ávido de aventuras, dejando
estelas en el mar profundo y azul)

"Promesas rotas"

Me he hecho una promesa,
un juramento de fiel amor por ti,
en latente carestía de afectos por tu parte,
en patente y tangible falta de tu amor.
Esta que te escribe en profundo sentir por ti:
sin ti, mi brújula,
pierdo el norte de mi existir,
en inagotable lamento lloro con desconsuelo
el no tener tu piel entre mis dedos.
Me he jurado y perjurado,
si no me vence este doloroso aguijón clavado en el
pecho,
que en agonía infinita,
te evoca a cada momento,
que jamás te escribiré te quiero.
La esperanza que no pierdo,
es que el día que me necesites,
que me ames,
lo escuches de mi boca,
que ahora,
prieta,
roja,
encogida en el pecho,
anhelando el suspiro
que brotará de mis labios henchido por la espera,
de gritarte,
en suave,
dulce
y cadencioso son un TE QUIERO,
que espera aquí en mi alma y

ahoga mi sentimiento.
Porque te quiero,
sí,
te quiero
con ansia,
con desespero.

Como espigas maduras acunadas por el viento,
se mece este corazón con el suave calor del estío,
esperando que el verde de mi tronco recién sembrado,
en cosecha prolija,
lo recojas con tus manos como labriego amoroso.

Calla mi boca.
En tropel cabalgan por mis venas tus palabras.
Como droga eufórica alienta mis sentidos.
Como borracha sonrío embriagada del amor no nato.

Mi mente está llena de ti.
Mi lengua sangrante de besos que mordí.
Mis manos ásperas de las caricias que no te di
 Mi cuerpo seco de tu sudor que no bebí.
El corazón baldío de tus susurros,
donde solo estaba yo.

"Arco Iris"

Estás de espaldas a mí, concentrado en tu pasión, único,
el sol da reflejos de oro a tu cabello azabache, en ese
diáfano atardecer. Distraído, no me ves, no me intuyes.
Me apoyo con dejadez en la puerta mientras te
observo obnubilada, grabando en mi mente el
instante, cada gesto tuyo en mi corazón para siempre.
Un pincel en tu mano derecha se mueve con esmero,
estimulado por tus musas.
En la otra, una paleta de colores, casi entremezclados:
azules, verdes, rojos, blancos…
Y te pinto, te construyo, aquí, en mi alma.
Azul,
cobalto,
sima infinita, un abismo profundo y desconocido
son tus ojos en hermoso mirar.
Verde,
natura,
lo que crece y alimenta, aves del paraíso vuelan,
madurando al sol de la espera,
tu corazón me canta sonatas tiernas.
Roja,
volcán,
al amanecer silencioso, lleno de calor, una pasión
despierta al escarlata de tu boca en ansiado beso.
Marfil,
en trémulo tintineo, sudoroso,
en deseos tu piel relumbra en un apoteósico estrépito
deseado por mi cuerpo.
Naranja,
flamígero,

luceros resplandecen en el universo de tu ánima
cansada,
hallando mis palabras que te ensalzaron.
Blanca,
límpida,
hermoso,
te define el albo que todo tú emanas.

Coral.
Niños cantores te elevan al cielo,
ensalzan tu persona,
en conspiración divina,
del que no tiene más alta cota que lograr.
No hay magnífica sonata,
ni magnánima epopeya,
no hay igualable lienzo,
ni obra más espléndida.
Más allá de ti no hay más.
Coral.
Eterno como la noche,
efímero como mi lágrima.
Arrebatador como la tormenta,
cicatriz imborrable que dejas en mi corazón.
Tú.
Coral.
Mi cantata llorada con gotas de cristal,
acordes de ternura,
notas de sal.

Tu voz se me escapa en atmósfera turbia.
Te recuerdo con el mimo del susurro que enamora.
Introdujiste en mi sangre esencias eternas,
borbotones de amor brotan por mis venas.
Te evoco,
en nervioso sentido prendido en mi pecho.
Escucho tu hermoso suspiro con sutileza que enajena.
El eco se repite en mi cabeza,
y una,
y otra vez,
recorres mis más íntimos deseos,
mis más oscuras barreras.

"Elfo"

Tiempo de hadas, duendes, ninfas, náyades:
pléyades…
Tiempo mágico,
de cohetes, rosa, te quiero, hojas rojas.
Tules y azahar envuelven tu cariño,
al nacer tímido,
engendrándose al compás que genera el estío.
Refulge en colores vivos el alma dichosa.
Brota de tu rama,
flores de almendro,
madera tosca.
Tiempo mágico que por ti vivo.
Destila por mi boca el verde de tu sonrisa,
provocando en mis venas cascadas de agua tibia.
Azur,
amapola, ternura.
Tú,
todo sombras,
que meces con tu presencia esta mágica hora.

(Zen)

Flor de loto,
reposando en la tranquilidad del agua,
absorbiendo la esencia de la límpida charca.
Loto,
tus hojas abarcan hasta donde alcanza mi mirada,
abrazando tiernamente,
acunando el alma cansada.
Desprendes aromas que envuelven y embriaga,
durmiendo el sonido de guerras pasadas.
Irradias dulzura con tu blanca aura,
llenando el cielo de luz y esperanza.
Espejismos azulados hipnotizan la profunda mañana,
bailando el vals de tus raíces sentadas.
Loto,
flor de loto,
serenidad mecida con las manos del que ama,
en el destino estremecido,
en tus ausencias buscadas.

Fuente de inspiración,
fuente de emoción,
fuente de todas las aguas que riegan mi amor,
naciendo fuerte,resistente, toda esta pasión.

1- Al calor del Amor,
    la hoguera que prende los sentidos,
    zumban en mis oídos,
    como revoltoso pajarillo,
    tu voz cálida,
    ardiendo en mi pórtico entreabierto,
    esperando que entres arrasando mi casa.

2- Desatino incierto,
    deseos oscuros que por ti prendo,
    ignífugo escozor por tu piel prendida,
    opacas miradas,
    ávidas de placeres,
    en el tul, la seda, el nácar,
    caricias de leve pluma surcan por tu cara.

3- Elevas tocando el cielo,
de luna llena,
    péndulos de porcelana,
    la plata que emana envuelta en roces tenues,
    emocionadas alboradas,
    fantasía nocturna,
    piel sobre piel,
    cometa surcando la noche estrellada.

4- Dolores que calmas,
    el láudano de tus besos
    inexistentes, imaginados,
    rozando el pétalo de los labios,
    pócima que emanas,
    druida, hada,
    varita mágica que transforma esta crisálida en
    mariposa.

5- Pasión emanando,
    sangre abrasando las venas,
    cuerpo esculpido con tu arena,

tu roca,
tus manos candentes,
expertas,
quema,
abrasa mi esencia con tu lengua,
abrazándome con cadenas esperadas.

✵Poción que bebí embriagada de agua y vino rojo,
inigualable flor de lis.

"Impresiones"

Con tus divagaciones marcadas en el rostro...
Qué hermosura es el mirarte,
recorrerte despacio en intransigente exigencia,
obligando a mis pupilas a quemarse perdidas en tu
inmensidad marina,
calibrando la belleza de tu tez.
Aterciopelada,
surcando el orbe abisal de tu piel,
henchida de amar,
simulando no sentir,
creyéndote rendido,
abatido bajo las alas,
me muestras tu sonrisa.
Qué delicioso el escucharte,
regalando promesas floridas.
Antaño mis oídos huecos de palabras amantes,
Emergieron de la nada trinos de tu garganta.
Cantos bucólicos que me envuelven entre caricias,
elevando mi alma extenuada en supremo regocijo.
Tu voz,
dulce elixir,
alquimista que me ha prendido.

…No quiero ser yo quien te despierte en tristes
lamentos…
Al hablarte excomulgo mis malos pensamientos,
sintiéndome culpable por no vivir de tu cariño,
que me entregas,
me regalas en dosis que me arrebatan,
me aturden.
Me ofreces palabras que te muestran claro,
tú no amas,
adoleces de sentirla en tu cama,
vibras aún al mentarla cada mañana.
La cólera me consume,
las fuerzas me abandonan,
no sé cómo luchar por tu espíritu,
que me cansa,
me agota,
me transmite sonoras desesperanzas,
no sé pelearte,
sacarte el mal que acumulas,
me pierdo en sinrazones,
mi cansino corazón no puede con tu desaliento,
con tu fatalista visión de un amor nuevo.
Y vives de tu terrible pasado
como si no hubiese transcurrido el tiempo,
como si no existiese el mañana.
Sintiendo que te ríes de mis sentimientos en mi cara.

No puede amarte más si no dices lo que te pasa,
si no le aclaras lo que te ocurre.
No cuidaste la flor que te ofreció.
Descuidaste lo primordial:
mirar como saben hacer los corazones amantes.
Sabes contar, con espinas,
que tu cuerpo está sangrante por otro querer.
Solo ves a tu ser palpitante, doliente,
sin observar,
no viéndolo penar por tu amor que no nació al
mentarlo.
No luches a través de terceros,
princesa,
no obstruyas tu mente con el consejo trasnochado
del que no sabe ni de qué habla.
Aprende del pasado,
recoge lo que te ha enseñado,
pero sigue caminando,
baja corriendo ese torreón,
leva el puente
y respira.
¿No ves que han pasado las noches de tinieblas,
que te ofrecen nuevos días?
Escucha, princesa,
tu cuerpo arrastra las arrugas del tiempo,
tu mente se plantó aquel día,
solo recuerdas tenebrosos pasajes,
no dando paso al sol que te acaricia…

Es una princesa recluida en el castillo del pensamiento cruento, de aquellas del medievo, de visión romántica, abstracta de la vida, soñando despierta que la venían a rescatar del tirano opresor. De aquellas que creían en la alquimia, el oráculo, la superstición.

"Agua"

(En) Natural manantial
surgen de la boca flores sugerentes,
aguas cristalinas mostrando cual eres,
sin evitarlo,
sonríe el corazón opuesto,
tanta beldad es imposible que mienta,
el alma sucia no relumbra,
este quebranto se observa en la poza resquebrajada,
aun así le crecen plantas olorosas,
le puede ser el bien amado,
matizando colores desde el gris al verde agua,
la roca del manadero,
húmeda esmeralda,
cristales cayendo en hermosa cascada
de risas nerviosas al observar nuevas mañanas,
tubulares como dedos acarician con miedo,
emergidos de la nada,
doctrinando nuevos credos,
empapa la piel,
el retrato perfecto si miro a lo lejos,
ese azul cielo que enmarca el caudal de sueños,
lo más hermoso,
admirar su reflejo,
llenando de colores los recodos del cuerpo,
con árboles frondosos,
plantas cimbreantes,
pétalos de ilusiones desvaídas por penas cansadas
de escucharse…
Algarabía,
trinos anunciando nueva vida,

impulsos que empujan a querer sin medida,
si miro fríamente diría que eres el paraíso,
lo que ansié un día,
siendo el manantial que limpió mi cara,
el mineral que sació mi desdicha,
el agua que elevó mi alma a cota tan divina.

Surgen, vuelan, brotan sobre el cielo infinito,
como marionetas andantes,
que me animan, me elevan,
el tiovivo surcando
girando sobre mi cabeza pensante, relajante,
caballos trotamundos,
hadas, náyades hechizantes,
todo vapor,
surco trazos de amor etéreo,
al calor del atardecer,
balanceo mi cuerpo al vaivén del pájaro cantor,
gira, gira, en torno a mi son,
tibia sonrisa,
caleidoscópica opción.

Alzaste tu mano con poderío,
señalando en cualquier dirección,
el azar quiso que me cruzara en tu camino,
y con voz alegre, amable, afable,
sin explicación caí rendida, vencida,
agotada al sentir intenso amor.
Tus besos que me quebraban en mil pedazos el
interior,
y tus caricias que avivaron la llama de mi pasión,
entregada, renovada,
surqué tu cuerpo inaudito,
absorbiendo mil esencias
regenerando mi ser marchito,
con palabras, dulces sueños,
regalabas mis oídos y tus miradas,
tiernas alas, que me elevaron al infinito…
pero sabía que eras una quimera,
que mentías con gran prodigio,
haciendo oídos sordos,
me dejé llevar cual lazarillo,
mendigando tu cariño.
Y fui feliz.

Esa luz… eres luz que desprende tu mirar,
como lucero espectral que atrae y absorbe.
Pero no te amo, mentiría.

Si no te aman… cómo quieres que te ame… ¿qué
importa que te amen?

¡El alma se crece,
se bate en inusitadas olas de emoción,
fulgurantes pasiones que resuenan
al profundo choque de agua, rocas y sal,
haciendo estelas en el mar del corazón,
erosionando con huella imborrable
la cueva del eterno amor.

🍁Retozando por tu ausencia sentí cómo ya no dolías

3

LA ESPERA

"Ensoñaciones"

Cómo quisiera sus labios rozar…
Apoya las manos sobre la suya,
tocando el aire,
sintiendo lo efímero,
que les lleva el viento…
Cierra los ojos y ahí le tiene:
nebulosa edulcorada que invade el alma.
Ve su rostro distinto
lleno de anhelos y brillos,
deseos de días de vinos,
deseos de noches de vicios…
Cómo quisiera sus labios rozar,
por un instante extasiar
sus más lúdicos sentidos.

Caos

Me desordenas los libros, la cama, el pelo,
me desordenas la vida,
cada vez que te veo,
el alboroto en mi corazón,
como fiesta pagana danzo, canto y grito,
¡por el nuevo amor!
Tímida sonrisa que esbozo al sentir tu mirada tierna,
que sin tocar,
sin rozar siquiera,
hace estremecer las entrañas y bel alma prieta.
Me desordenas la piel, la carne, la esencia,
me desordenas con cadenas
hechas de besos y quimeras.

Se quedó en tierras de soledades.
Sin sol ni luna.
Sin agua pura.
Sin la dulce mixtura.
De la osadía y la ternura.

(El desierto)

Cuando todo se acaba
cae al vacío
... y la caja llena de ilusiones
solo tiene humo, desazones,
corazones en jirones,
besos rotos de olvido,
piel seca de caricias,
sangre gris que no corre,
silencio por amor muerto,
tierra yerma sin brotes
gritando cielo, dolor y suspiro…
Por qué llegaste, Amor, amando,
si te vas dejando suelo baldío,
corazones rotos y futuros perdidos.

QUIERO OLVIDO AMNESIA

Descubro tu mirada clavada en mí…
y el mundo tiembla bajo mis pies.
Cuánto hubiese dado porque te sacudieras los tabúes
vinieses hacia mí y me hubieras besado
con la misma pasión, entrega y dulzura,
con que me estabas mirando.

No sé escribir…
se me ha vaciado el corazón de palabras,
se me ha olvidado expresar,
se ha ido la musa que me cante.
Entre el Nirvana y el Limbo te quedaste aquella tarde.

SUBO EL ABISMO CON ARNESES PARA NO
CAER UNA VEZ MÁS

Como los almendros…
esconde tu belleza en el tronco, la raíz, la esencia,
no muestres tus encantos aun cuando lo desees,
calla tu voz,
omite tu grito,
silencia el alma y
llama al olvido.

Entre cortinas buscaba tus besos,
tus miradas furtivas,
tus esquivas caricias.
Como perro en busca de amo
te buscaba y me ofrecías sonrisas…
¡Y se cansó el corazón de tu desprecio!
¡Y se cansó la boca de tus migas!
… y ya no te busco mientras me miras
… y rehúyo con dolor tu sonrisa
… mientras cazo al vuelo tu mirar espía
descubriendo cómo sigues mi vida
destrozando dos almas por cobardía.

Te quiero.
Con tino y desatino.
Con calor y con frío.
Contigo y conmigo.
Te quiero en este invierno frío
calentando mi cama,
mis manos y mi casa.
Te quiero, así te lo digo.

Eres tan bonita…
única, inalcanzable…
te he puesto ahí,
en la vitrina de mi corazón,
para admirarte,
para quererte en silencio,
para observar sin perderte…
tras el cristal,
el del amor imposible.

"Tu desdén"

Entre mis cuadernos viejos busco aquel poema,
donde te confesaba mi amor,
mi veneración sincera.
Rompiéndome el corazón,
latigazos son tus letras,
mordiendo con rabia dices que no te quiera,
que mis besos no deseas,
que mi esencia te envenena…
Por qué me llamaste amor
dime,
por qué me llamaste cielo
si me esperaba tu tormenta.
Ciega de amor por ti,
ilusión maldita,
utopía de amor,
sinrazón en mi vida.

Irremediablemente mío…
surgieron de los sueños en nítidos embelesos
ese rubor por sinceros deseos
de tenerte en mi cuerpo
fusionando piel, sudor y anhelo.

¿Cómo quieres que te hable, que te mire, te respire, si
me dejas sin aire, sin razón, sin sentirte?

CREÍ SER MARIPOSA, PERO EL SOL QUEMÓ
MIS ALAS.

"Deriva"

Te busqué y no te encontré,
como loco noctámbulo de callejones perdidos,
de silencios dormidos,
de besos malditos.
Como loca amordazada,
mi corazón cayendo en la sima del olvido,
conquistando cual Pizarro la cima del quebranto
de un alma vagando sin rumbo y sin santo.

Metamorfosis.
Arranco mi piel desollada en lamentos,
que rompen desgarrando las entrañas,
sangrando,
deshaciendo pasados nefastos,
mutilando cuero, carne y desencanto.

-Mi cabeza está llena de musas y todas tienen tu cara.
-Eres la dosis exacta que requiere mi salvación.

ME HE SUICIDADO CIENTOS DE VECES Y
AUN ASÍ, SIGO VIVA.

NO ME CUENTES CUENTOS,
QUE EN VIDAS PASADAS FUI BARDO, BUFÓN
Y FILIBUSTERO.

Nada que venga de ti le alegra,
pudiendo tener el mundo a tus pies,
lo mancillaste…
y no camina hacia ti como antes,
retrocede dolorosamente,
herido por ti,
por tus palabras,
por tus desplantes.

Eres el cuadro del museo,
hermoso,
lo admiras,
pero no puedes tocarlo.
Eres la estatua de David,
perfecto,
inalcanzable,
cuerpo hecho de soles y trabajos…
te observo,
no me agota el ver tu rostro,
tu ser esculpido de mil noches de amor.

Este amor está aquí dentro retenido,
como en un embalse:
moviéndose al compás del viento,
llenándose con la lluvia de mis ojos,
cayéndole hojas,
tierra,
aves,
insectos,
esperando que se pudra para dejar de amarte así.

"Colibrí"

Chispeantes ráfagas de colores,
brisas que revolotean llenando de luz la tarde,
libando orquídeas, nardos y crisantemos…
burbujas titilando bajo el sol,
miscelánea de dulzura,
amasijo de bellas plumas,
furtivo de ánimas canoras,
¡veloz arco iris que planea!

-hubiera querido ser colibrí.

Brújula-
Luna,
no dejes que camine sola.
En la noche todo aparezca más oscuro
y los grillos nos cantan,
las luciérnagas nos guían el camino,
las estrellas ponen el rumbo,
el corazón, el desatino,
cuando el latido más ardiente no miente…
Nos muestra los instintos más básicos,
cuando los sentimientos se crecen entre sombras.

Vivía feliz, abrigada con la manta de los recuerdos,
dejando pasar un presente imperfecto…
No te mientas.

4

REFLEXIONES EN CALIENTE

GUIARÉ TUS DEDOS
MARCANDO LA RUTA EXACTA,
PROFUNDIZAR EN MADERA TOSCA
DONDE HALLARÁS EL TESORO,
ESA PERLA HECHA
DE LAVA, TABAIBA Y MAR.

La espera

Rezumaba deseo en cada gesto torvo,
cada mirada de gata,
cada abrazo al cielo…
lengua que besaba aun sin rozarla,
sexo húmedo aun sin tocarlo,
pezones erectos desafiando manos ardorosas,
piernas prietas abarcando bocas ansiadas…
(Poniéndote nervioso, merodeé a tu alrededor, moviendo
mis manos en el aire dibujando tu cuerpo… tu pecho se
agitaba cual melodía, brotando un gemido de tu boca…
entonces degusté tu cuerpo como sedienta en el desierto,
como glotona de dulces manjares.)

¿a la masturbación se la podría llamar sexo egoísta?
😊

Racimos

Te imagino recorriendo mi piel
como uva danzante,
rozando por la carne trémula,
endulzando cada poro
preparándola para tu deleite,
erizando de parte a parte,
que me engullas de una vez
girando sobre tu lengua ansiante.

"Cascada"

Sucumbía,
perdiendo la voluntad,
al recorrer con la mirada
su cuello terso, largo, róseo...
fragancias que emanaban,
aspirando,
cerrando los ojos,
rozando con sus labios
el gemido caliente...
observaba, mordiendo sus labios,
el comienzo del cielo que
era su nuca ladeada
extasiada en universos dispersos.

"Tentación"

Vi tu desnudez cual ardiente efebo,
hipnótico cuerpo,
devorarte quiero como ambrosía,
néctar de dioses.
Tan cercano en la distancia,
tan lejano en el horizonte,
intangible como el aire,
indispensable al respirarte,
deseos de mortal humana
para poseerte y endiosarme.

👄 Regálame tu lengua llena de pecado.

Sed

La observaba fijamente, mirándola sin sonrojo – se tomaba un refresco -, como queriendo beber de su boca…De repente, muy despacio, comienza a deslizarse un chorrito de ese blanco líquido por la comisura de sus labios, deteniendo su camino con la sonrosada lengua. Ahogó un gemido… "mmm… me la como, me la bebo, me la trago a trocitos…" Como espía travieso, aguarda el momento perfecto para lamer ese descuido indiscreto, mordiéndose el labio, pensando, "tengo sed".

"Ardamos"

Poseo tu cuerpo en febril apogeo,
me convierto en demonio
devorando tu sexo,
como Can-Cerbero de excesos,
te cobro el peaje para llevarte al extremo
y rendidos caemos en la sima del infierno.

Como lobo en su guarida
acecha con mirada lasciva,
de someter cubriendo
a su loba enfebrecida.

"Juegos"

Corsé de encaje negro,
mostrando formidables pechos,
lengua que recorre la aureola en círculos inquietos.
Mirando con aire altivo,
la toma de su cabello crespo,
tirando hacia atrás,
exhibiendo poderosas caderas,
abriendo sus piernas prietas
vestidas de tacón de aguja roja,
la alimenta con la copa que le ofrece,
ávida de ser tragada
de una vez y sin demoras.

FUE MI MAESTRO DE LENGUA
EL QUE ME ENSEÑÓ A ENCONTRAR
LA ECUACIÓN PERFECTA.

Seda son tus labios.
Seda son tus besos.
Seda es tu lengua.
Seda es tu cuerpo.
que descubro como avaro
relamiendo el pensamiento.

Juego con tus manos a dibujar sobre mi cuerpo
lienzos de eróticos momentos,
manos que guío como lazarillo
en busca de un maná exquisito
y que sin pudor muestra su carne.

"Tabú"

Mi fruta prohibida,
mi manzana…
lamerte sería una delicia para mí,
como a un dulce zumo,
como a pulpa madura bajo la piel,
paladear,
saborear,
en lento deleite tu suave humedad,
como roja golosina fresca mi sed saciar,
estrujándote con ambas manos
y libar en lo más profundo de tu intimidad.

◯ En noches como esta te esperaría
con el corazón, los brazos y las piernas abiertas…

La metáfora de la entrega.

En las distancias cortas tus ojos ganan en intensidad
y el roce de tu tez eriza mi soledad…róbame un beso,
pensé.

"Piel desnuda"

Caer ciega de amor al abismo de los abrazos,
fundirse como caramelo al fogoso roce de los labios,
arder como leña en la hoguera de la pasión,
surcar los cielos hallando la voz sugerente,
navegar en el deseo del cuerpo danzante,
errática por tierras ignotas desgarrando la carne.

"Curiosidad"

Déjame mirar el balcón de tus senos.
Déjame acariciar, besar, lamer, morder
ese pecho que me provoca a cometer un desliz,
a perderme entre tu ropa
y tu escote gris.

Dedos que van recorriendo senderos de piel,
cayendo dudosos en caricias
que buscan el camino del placer…

Hoy, ante ti, soy virgen.
Nunca me has tocado,
nunca me has besado,
-no sabes de la premura que tiene mi lengua por besar
tu boca-
nunca has sentido mi sexo húmedo por ti,
-no sabes de la calidez existente ente mis muslos-
nunca has estado dentro de mí,
jugando,
haciéndome sentir que
antes de ti
no conocía el placer ni de vivir.

Acaricio tu sexo por encima del calzoncillo,
tan erecto, tan caliente, tan preso…
lo masajeo, ¡sus latidos ardientes!,
queriendo excarcelarse,
queriendo morir en mis adentros,
entre mis manos, en mi boca,
en mi húmeda, oscura y hospitalaria cueva…
¡Te libero!

"Metamorfosis"

Cuando besaba sus labios cerraba los ojos,
robándole segundos al tiempo.
Mientras
su interior se incendiaba,
el cielo brillaba,
el suelo cedía,
su pecho latía,
sintiendo,
como crisálida,
que su vida renacía.

"Deseos"

En el letargo del subconsciente, te piensa,
cómo hubiese sido el tenerte…
tus labios ansiosos recorren su cuerpo
tejiendo marañas de deseos crecientes,
acicalando su pelo,
candente,
le mira a los ojos y desea poseerle…
su sexo arde bajo las manos
que juega con ella en lujuriosos espasmos,
coquetea con su lengua a dibujar sobre su piel,
subiendo y bajando,
trazando círculos, deshaciéndolos…
su pecho cabalga en pos de su cuerpo,
volcán lujurioso
su ser se estremece.

Cuando regresaba a casa,
siempre llegaba con el sabor agridulce,
de que algo le faltaba.
Sin sus besos,
su boca nacarada,
su aliento caliente
 su lengua rósea.

✹Herejía
Sería una herejía rozar con mi lengua la comisura
de tus labios…
Sería una herejía recorrer, con mis labios,
tu cuello,
tu cara,
tus manos,
tu pecho,
tus brazos,
tu espalda,
tu ombligo,
tus muslos,
tu sexo

…¡me quemen en la hoguera como a una Juana de
Arco cualquiera!

🎻Solfeo tu cuerpo ejecutando una dulce sinfonía.

🍊Soy como una naranja. Tengo muchos gajos para repartir mi cariñito.

Se gastó la luna de tanto mirarla
buscando su cara entre sombras de plata.
Lanzando suspiros al firmamento,
no pudiendo abrazar a Morfeo,
se echó en brazos del recuerdo,
en brazos de aquel beso que aún ardía
en sus labios y en todo su cuerpo.

Desborda con tu río mi boca ávida de sentirte.
Esparce por mis venas las dulces mieles que de tu
ser emanan.
Ser explorador de maravillas terrenas comulgando
con extasiantes momentos:
acaricias mi piel en etéreos sentidos
surcando mi carne eternos prodigios.

… y fue tan dulce, tan hermoso, tan bonito, que me
llenaste el alma de flores. ✿

5

¿Y AHORA?

Mi alma está llena de arañazos, de vez en cuando vienen para atormentarme y recordarme que el tiempo no es olvido.

"Destierro"

Su reflejo en el agua le contaba noches de insomnio,
tristeza profunda de azul y canela,
bella sonrisa apagada por ondas hechas de piedras,
tibio mirar de anhelosos abrazos forjados de esperas,
silentes gemidos que rebotan en la arena,
llenando ese mar de angustias y penas,
inquietantes palabras que se muerden la lengua,
derrochando reproches que suben y vuelan
hacia el orbe del olvido por tan larga quimera.

En la soledad de tu silencio me perdí,
añorando tus palabras,
negras profecías se avecinan…
Levanto trincheras al corazón
…no sufriré más por ti.

Conquista

Conteniendo tu roja ilusión,
no armarás el corazón herido.
Róbale el sueño con poemas,
besos quemados por noches en vela,
susurros gritados en dulce cadencia,
caricias surcadas en bravas mareas,
rocas que rompan su coraza,
su pena,
y yazga rendida en tus brazos
cual ansiada condena.

Me dijeron: este tema se escribe solo.
Y paso a paso,
día a día,
la telaraña crece
delicada y fuerte…
Tenía razón.

"Oscuridad"

Los silencios tronaban la mente,
latiendo las sienes llenas de sangre
tierras tenebrosas llenas de engaños
nubes que chocan escupiendo palabras, quebrantos,
falseando horizontes no tan lejanos,
pretendiendo ser presente, futuro y pasado,
dándome cuenta de que todo ha terminado,
que la tierra gira
mientras yo me planto.

"Embaucador"

Alma caprichosa,
malcriada,
no sabiendo amar,
si te aburres,
hieres corazones que alternas jugando,
escupiendo hiel llena rencor amargo,
seduciendo cual Marqués de Sade barato,
repartiendo besos,
abrazos en tálamos quebrados.
Recuerda,
lo que entregas, recibes,
llegará un mañana donde la soledad encarcele tu
cínica vanidad y
tu sonrisa en mueca deforme
te espantará.

Abro el perfume,
impregno la yema del dedo,
humedezco mi oreja…
hoy huelo a tus besos.

Y te quedaste ahí,
atrapado entre mis sueños,
logrando hacerte el amor,
entre suspiros,
entre lamentos,
con tus manos rozando mi sexo,
con tus labios lamiendo mi cuello,
entre jadeos
entre te quieros
entre suspiros
entre lamentos.

Se carcomía el alma imaginando traiciones,
como caníbal de sueños,
se le ennegreció la mañana.

Se puede ir por la vida fingiendo no sentir,
pero una mirada puede hablar y desarmar un
corazón en segundos.

Humedezco mis labios pensando en tu cuerpo,
como tibio refugio de mis inquietos deseos.

La felicidad no es más que un goteo de pequeñas
cosas que hay que saber capturar.

Te escribo deseo,
añoranza,
quiero,
besos,
mañanas,
azul cielo…
Quedó pendiente aquella cita,
los besos, las risas,
las miradas cómplices, las caricias,
las palabras llenas de ausencias no escritas,
con el Médano de fondo como fiel vigía y
el mar bramando cual sirena perdida.

.... EL AMOR SE HACE AMANDO

Mi último poema.
El más dulce.
El más triste.
El que escribo con el alma
que se seca,
que se extingue.
Mi poema de amor sin vida.
Mi poema de amor sin sangre.

El amanecer se complica,
turbias nubes cubren su cielo
¡hasta ayer relumbraban!
Hondo quejido que calla la mañana,
dudando si fue verdad o lo que deseó su alma,
o si fueron quimeras aliñadas de esperanza.

Regresando de su viaje
quiso hacer el amor como siempre…
y fue como nunca.

Voy anudando la esperanza para no dejar de existir.

Enmudece el camino,
no hables,
no pienses,
no respires,
solo sigue el sendero que te marca el destino.
Anda con sigilo,
sin hacer ruido,
con mordaza en la boca,
las manos atadas y
el alma castrada de silencios y olvido.

Un beso debe ser:
　　　Profundo,
　　　　　largo,
　　　　　　　intenso
　　　　　　　　　y con el corazón.

Se convirtió en mi poema favorito,
en quien escribía versos,
verbos y adjetivos infinitos.
(la sonrisa en la letra, la exclamación en la cama, el
que enredo con lengua, física y química, el adverbio
en las manos donde deposité mis ganas)

No me dejes con la sangre envenenada
de dolores amargados
de lágrimas que surcan la cara
en laberínticos desesperos de sollozos,
sentimientos y celos.

Malditos celos
maldito martirio
maldita razón que sin razón razona,
haciendo hondura en delirios,
punzando el corazón con agujas de
pensamientos inciertos,
en dolorosos pesares,
en lágrimas guardadas,
en el estómago encogido del
dolor concebido que me carcome
el alma…
y sufro sin sentido.
(¡malditos celos!)

"EL BESO"

Busco un beso, el inesperado, el esperado, el escondido, el de tu boca, el de saliva dulce, salada, amarga de la mañana roja. Busco tu beso, el buscado, el encontrado, el de camas rotas por la queja del desesperado, el del náufrago desamparado... Busco ese beso, el que se me niega en flagrantes horas, el que saboreo en las noches en que te sueño a solas.

LLEGASTE DESPACIO,
RECIBIENDO EN LA ARENA
ESA MAGNÁNIMA OFRENDA:

FUISTE MI CABALLO DE TROYA.

6

ÚLTIMAS
MENTIRAS

Las mentiras son como el viento: vienen y van,
pero nunca dejan de estar ahí.

Se me cae el amor, se me cae el alma, el cariño, la ilusión.
Se me caen los años, los sueños, la casa, el candor.
Se me cae el mañana, se me cae el corazón.
Jirones de mi piel para tapar mis heridas
(¿cicatrizan las de dentro?).
Más toda yo quedo en carne viva, y se me cae el
cuerpo, sangrando, agonizando.
Y muero.
Y no encuentro paz.
Me hago tierra y todos me siguen pisando.
Soy tierra, todos caminan sobre mí.
Soy tierra, polvo, arena.

"Aprendiz"

Enséñame a no quererte,
a no gemir cuando dices mi nombre.
Enséñame a odiarte,
a apartar tu imagen tocando mi carne.
Enséñame a olvidarte,
a repudiar tus labios cuando intentas besarme.
Enséñame a vivir sin ti,
que al verte, se me hiele la sangre.

Tu voz dibuja escenas de amor,
de futuros,
de calmas,
de deseos inquietos,
de largas demoras,
de pasión y
de noches en vela,
de ardiente deseo,
de que todo suceda
… y seguimos soñando
hasta que acabe la espera.

Si no puedo dormir, ¿qué hago?
si me pierdo en tu boca que miro golosa.
¡Y no duermo!
entre sueños me pierdo,
acariciando tu cuerpo,
fuerte, suave,
en salado sabor saboreo,
en amargo esperar te anhelo,
en aciago momento de pensar,
soñar y continuar viviendo.

"La armadura"

Su corazón latía como duro acero,
mirada torva, esquiva,
con huraños modales,
sin sonrisa,
con paso esquivo ante el instinto
de amar algún día…
Tropiezo casual que le deparó el destino,
y sin tino, desatino,
le robó el corazón en un solo suspiro,
rompiendo su coraza como si fuese cristal fino,
devastando su antiguo mundo
para crear nuevos paraísos.

"Desgarro"

¿Se me habrá roto el corazón?
Sentí el mundo derribarse ante mis pies,
el vacío más inmenso ante mis ojos,
la oscuridad alrededor tronando en quejidos,
sentí crujir, aquí adentro,
mis huesos,
desgarrarse mi carne,
sentí latir impetuosa la sangre llegando hasta mi
corazón…
SILENCIO.

LLEGÓ A MÍ CON LOS OJOS VACÍOS, ESO
DECÍA.

No hay futuro, no te engañes.
Quieres oír como dulce melodía,
canciones de alma vacía.
Quieres escuchar de mi boca palabras
estériles de verdad.

¿Qué depara el futuro?
lo único cierto es la muerte, mientras, el resto son
casualidades.

Me falta un pedazo de alma…
no sé cómo ha pasado,
pero hoy me desperté con el vacío
de quien todo lo ha entregado.

No fue culpa de la primavera que me enamorara así.
No fue culpa de los trinos,
de las flores,
de las nubes y
los atardeceres róseos
¡fue de la estupidez!

⬦MI CEREBRO HA ENMUDECIDO
DE BURBUJAS BULLENTES,
NO SE ESCUCHA MÁS QUE EL
MURMULLO LEJANO DEL OLVIDO.

No quiero ser aire…
quiero ser fuego calentando corazones,
alimentar ánimas perdidas,
anidar en la esencia de esperanza,
quiero ser madreselva,
ruta, salvación,
quiero ser pavesa que prenda la yesca
de nuestro interior.

NO SE PUEDE DOSIFICAR EL OLVIDO

Siempre vuelvo a los caminos ya marcados:
rompo, giro, ando…
retorno a mis viejos vicios,
al punto de partida.
Mataría por cinco minutos de poseerte.

🎬Silencio: se rueda
ilusa, imaginé amor donde solo hubo un gran actor.

Me quedé esperando una señal diciendo que me
amaste
Tanto como yo a ti…
Mis pies se llenaron de raíces

No des sin medida a quien solo te ofrece sobras.

Quédate a mi lado, me dijo.
Pero ese banco, ese parque,
estaba mojado de olvido.
De palabras lanzadas al viento
que se perdieron en sordos rugidos.
De miradas quemadas por el sol
que el otoño volvió nostalgia,
incienso, quimera,
hoja seca, naranja,
agua limpia, vereda inquieta,
sonrisa triste al intuirte ahí afuera.

☁A veces el silencio trae dolorosas respuestas que no querían ser escuchadas…

Malvasía era tu boca,
de manantial refrescando juventudes,
dulzor de las primeras veces,
exquisitez que paladeé cual púber
quedando en la memoria
añejos sabores de campo fértil.

Fúndete en mi piel
¿lo sientes?
cada poro respira amor
cada átomo tu nombre
partículas
esencia
alma
tú

"Vicio"

Soy humo
perfume
veneno
sorbo de vino en febrero
gota de agua recorriendo tu cuerpo
susurro en el cuello
luz tenue que te mira con deseo
 gemido que eriza el vello
como un gran vicio
un elixir secreto.

Pudriendo una tierra antaño florida,
tu corazón fue un erial donde no brotó semilla,
el desamor de plantar rosas y cosechar espinas.

Nao perdido…
bruma en la mañana engañando la mirada,
en luminiscente faro naufragó en tu casa.
Llar tibio que no alentó el alma.

Esta melancolía es culpa mía
o tal vez sea ese chelo que me transporta hasta tu cielo.

"Ignorancia"

No sabré a qué sabes,
si a fresa, sal, miel o cerveza.
No sabré cómo acaricias,
si dañas, arañas o serás seda fina.
No conoceré tu piel,
ni mediré el contorno de tu torso con mis muslos.
ni contaré tus lunares,
ni lameré el salobre sabor de tus poros.
No surcarán tus manos con premura
el blanco de mi carne impura.
No conoceré el calor de tu aliento en mi cuello
ni de tu lengua en mi boca.
No sabré cómo ríes.
No sabré cómo lloras.
No sabré cómo abrazas cuando estemos a solas.

La simpleza del momento hace que me escueza, me
duela,
aún no estoy segura el qué,
pero siento un hueco en el estómago,
me urge, va a explosionar,
mi vientre latiendo…
Me arde,
me vacía el vacío,
incompleto, no sé de qué,
tal vez de besos, de afectos,
de sentir la piel erizada, rozada, cansada, agotada…
no, un abrazo, fuerte,
de los que te rompen los huesos,
después un beso,
de esos que te marcan los labios,
prieto,
a arañazos de bigote,
y ya que estamos,
urgentemente,
también un polvo,
por qué no.

Poemas frustrados,
los que no te escribí cuando mi corazón por ti latía,
cuando soñaba que te amaba,
que te quería.
Cuando el sol era estrella.
Cuando la luna era guía.
Cuando soñaba soñando que contigo amanecía
como lucero del alba que te ilumina.
Poemas frustrados que un día por ti deseché.
Pues la utopía es quimera.
Entonces, para qué.

Curiosidad

Eres un enigma.
Cubres tu rostro para no leerlo…
¡cuánto daño te han hecho!
qué interesante desentrañar historias
 qué intriga el desenmarañar nudos,
perderse, rendirse,
dejarse atrapar por tus telarañas.
Me presto a ser oídos,
me narres con voz queda todos tus miedos,
todas tus penas,
tus deseos, que me envuelvan.
Aquí estoy, esperándote, no te me pierdas.

Estoy pagando haberte querido y haberte tenido.
Lo pago, a veces, con suspiros,
a veces con lágrimas,
a veces,
con descuidos.
Tengo que admitir que me cuestas,
pero hoy es el día,
que te he borrado de mi vida.

Hay quien regala "te quieros" como si fuesen caramelos.

Dicen que la soledad compartida se siente menos, y
no es así, solo hay alguien que lo sabe.

EL AMOR CONTIGO LO HAGO TODOS LOS
DÍAS… Y NO HABLO DE SEXO

Un segundo.
Solo un segundo bastó para saber que nos hubiéramos entregado a la más furiosa y carnal pasión.
Combustión.

¿Sabes?
al corazón no se le puede poner puertas
ni filtros
ni esperas
cuando algo llega, arrasa,
sin permisos
sin nocturnidad sin alevosía.

"El reflejo"

Con el transcurrir del tiempo me gusta lo que veo en
el espejo,
las arrugas, los ojos curiosos,
las curvas imperfectas, el caminar lento,
el aroma a viejos y nuevos recuerdos,
adornada de sonrisas que me cuentan que sigo viviendo.

… y cuando llegue mi hora, bajaré al inframundo
como Perséfone secuestrada.

Soy ama de casa y pensionista.
Verdad y mentira.
A veces visionaria y poeta.
Agricultora.
Percusionista.
Amante, madre y amiga.
Otras soy nada, olvido y queja.
Enemiga.
Después y silencio.
Un no me importa mientras tiemblo.
No quiero ser ejemplo.
Quiero ser yo.
Esa, soy yo.

Cuaderno de bitácora:
                    apaga y vámonos.